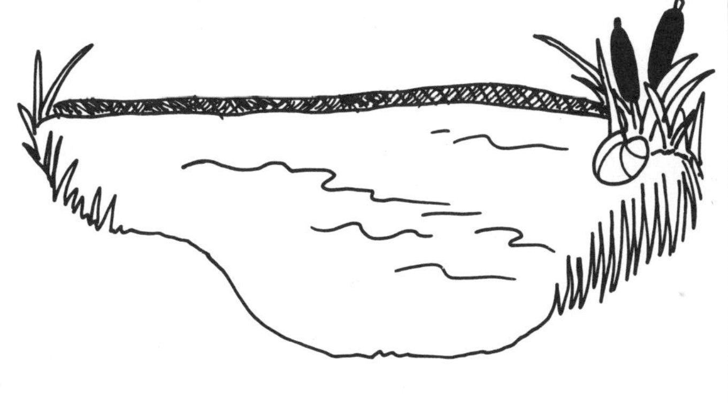

En la parte de atrás de esta hoja: ¿Qué hizo la rana en el agua?

Una rana verde está sobre un leño.

Esta es una charca grande.

Brinca al agua, rana.

Un leño esta en la charca.

1

Lee, piensa, corta y pega

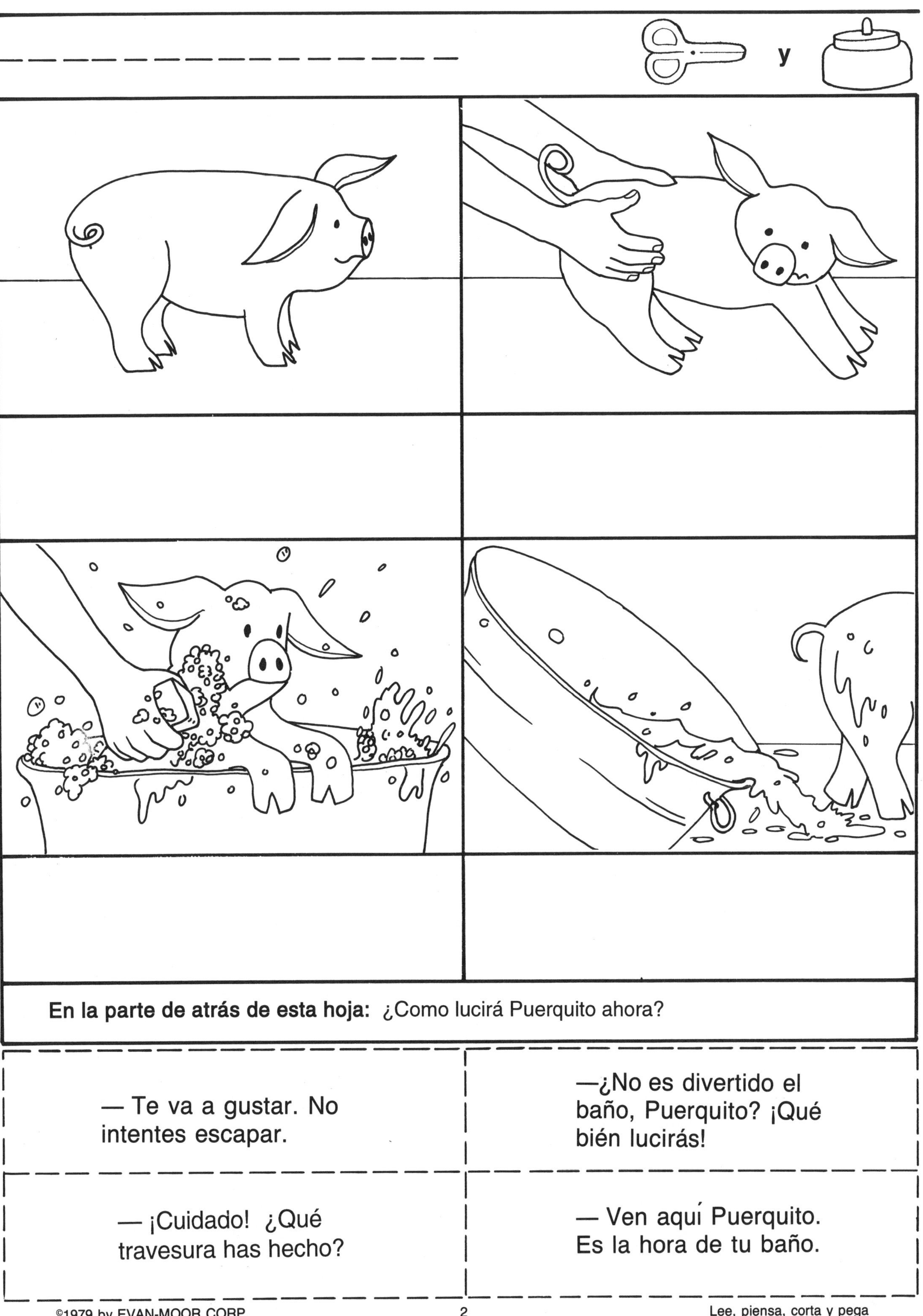

En la parte de atrás de esta hoja: ¿Como lucirá Puerquito ahora?

— Te va a gustar. No
intentes escapar.

—¿No es divertido el
baño, Puerquito? ¡Qué
bién lucirás!

— ¡Cuidado! ¿Qué
travesura has hecho?

— Ven aquí Puerquito.
Es la hora de tu baño.

2

Lee, piensa, corta y pega

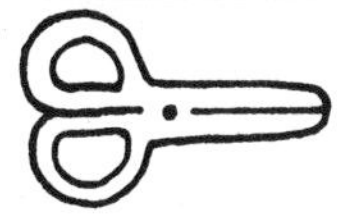  y 

En la parte de atrás de esta hoja: ¿Cómo llegó el hueso a estar bajo la tierra?

¡Qué hueso tan grande él encontró! ¡Qué rico! ¡Qué rico!	Sid tuvo un buen almuerzo. Ahora va a descansar.
Sid comenzó a escarbar. La tierra fue por todas partes.	Sid olió algo rico.

3

En la parte de atrás de esta hoja: ¿A qué van a jugar la tortuga y sus amiguitos?

Juego con mis amigos.

Vivo cerca de una charca.

Me sumerjo en el agua para comer.

Nado todo el día.

4

Lee, piensa, corta y pega

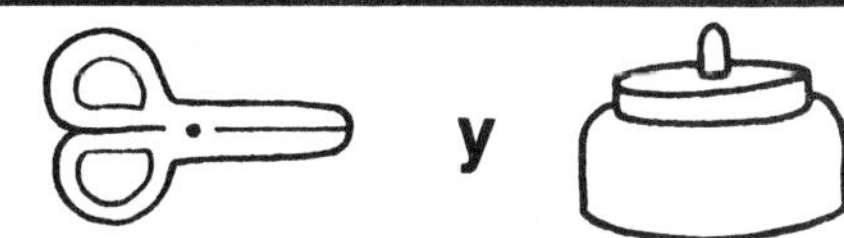

En la parte de atrás de esta hoja: ¿Qué hará Coca ahora?

Se sienta en un lugar soleado y menea su cola.

Ve un pájaro pasar volando.

Coca es una perra feliz. Tiene un patio grande donde puede jugar.

Persigue a una mariposa por todo el patio.

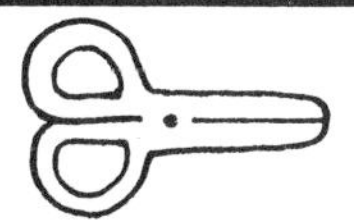 y 

En la parte de atrás de esta hoja: ¿Qué trabajo puede hacer Kiwi?

Kiwi no consiguió el trabajo.
Se fue triste.

— Quiero un trabajo.
Preguntaré aquí, — dijo Kiwi.

— Quiero un trabajo.
— ¿En qué me puede ayudar una
Kiwi? — preguntó el Sr. Gonzalez.

— Los puedo arreglar de esta
manera, — dijo Kiwi.

Lee, piensa, corta y pega

  **y** 

En la parte de atrás de esta hoja: ¿A dónde ha ido el Sr. Panda?

— ¿Qué está comiendo Sr. Oso?
— ¡Yo NO soy un oso!

— Hola, Sr. Oso.
— No soy un oso.

— ¡Oh! No lo sabía y ahora el Sr. Panda se ha ido.

— ¿Por qué corre, Sr. Oso?
— ¡No soy un OSO! ¡Soy un panda!

 7 *Lee, piensa, corta y pega*

En la parte de atrás de esta hoja: ¿Qué recibió la Sra. Pata?

— Ahora puedo salir de compras, — dijo la Sra. Pata.

— Quiero salir, pero debo hacer primero mis tareas de casa.

La Sra. Pata arregló su cama rápidamente.

También lavó los platos rápidamente.

Lee, piensa, corta y pega

En la parte de atrás de esta hoja: ¿Qué verá Otto cuando bucee?

Ahora puede comer la almeja.

Otto golpea la almeja con una piedra para romper la concha.

A Otto le gusta nadar en el agua.

Puede bucear para agarrar una almeja.

 y 

En la parte de atrás de esta hoja: ¿Qué hizo Amiguita en la casa de su amiga?

— Iré en un bote. Y así lo hizo.

Llegó a un charco que era demasiado hondo y ancho para cruzarlo.

Amiguita iba a visitar a una amiga.

Amiguita miraba por todas partes.
— No sé que hacer, — dijo ella.

Lee, piensa, corta y pega

En la parte de atrás de esta hoja: ¿Cómo puede Silvio cuidar de sus dientes?

Ahora nuevamente Silvio puede cortar árboles.

El dentista arregló su diente.

Silvio se sentía mal. Le dolía el diente.

— Vamos al dentista.
El lo arreglará, — dijo Mamá.

11

Lee, piensa, corta y pega

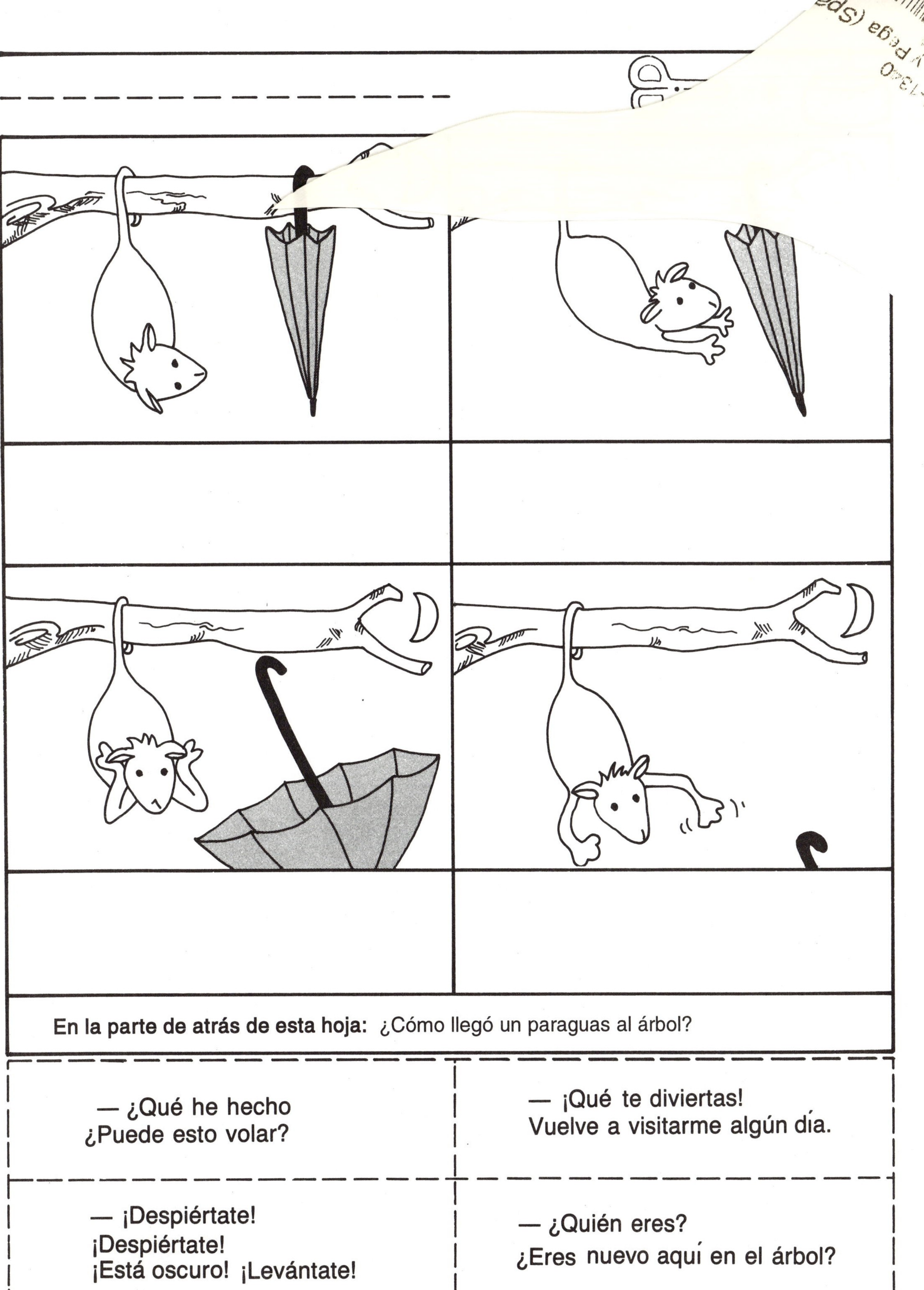

En la parte de atrás de esta hoja: ¿Cómo llegó un paraguas al árbol?

— ¿Qué he hecho
¿Puede esto volar?

— ¡Qué te diviertas!
Vuelve a visitarme algún día.

— ¡Despiértate!
¡Despiértate!
¡Está oscuro! ¡Levántate!

— ¿Quién eres?
¿Eres nuevo aquí en el árbol?

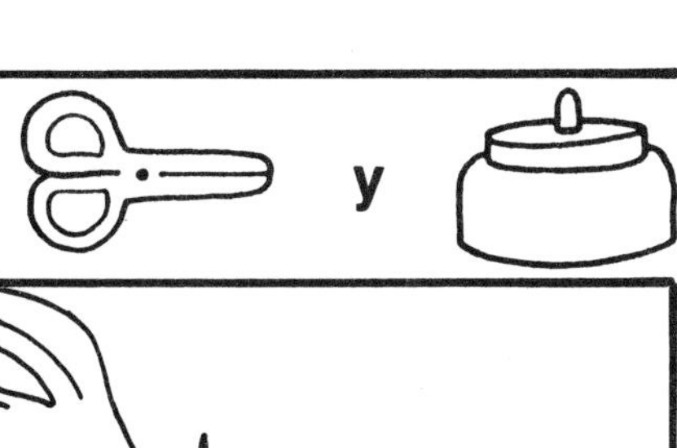

En la parte de atrás de esta hoja: ¿Cómo pintó las flores el Conejo?

— Que bonitas se ven las flores ahora.

— Los huevos están pintados y aún me sobra pintura.

— Ya sé que haré. Pintaré las flores.

— ¿Puedes ayudarme, Pájaro? Esto es divertido.

Lee, piensa, corta y pega

En la parte de atrás de esta hoja: ¿Qué herramientas usó el perro?

— Ahora podemos poner los herramientas en su lugar.

¡Bif! ¡Baf! — Este es un trabajo difícil.

¡Qué casa nueva tan bonita!

— ¡Ay, ay! ¡No salpiques la pintura!

— Haré un truco de magia para Uds.

— Por favor, dos boletos para la función de magia.

— ¡Mira! ¡Qué truco tan gracioso!

— ¿Nos sentamos aquí?
Quiero ver toda la función de magia.

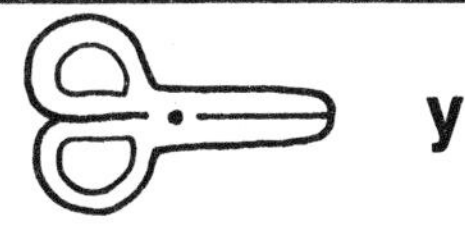  **y** 

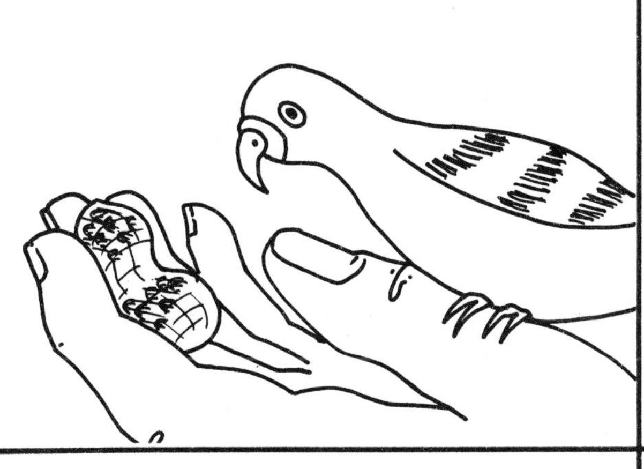 

En la parte de atrás de esta hoja: ¿Cómo salió Gitano de su jaula?

— Allí está Gitano, sobre la pipa de Papá. ¡Vamos a agarrarlo!

— Ven Gitano. Hay algo rico aquí.

Gitano está feliz de estar otra vez en su jaula. Está cantando.

— ¡Mira! Gitano salió de su jaula.

Lee, piensa, corta y pega

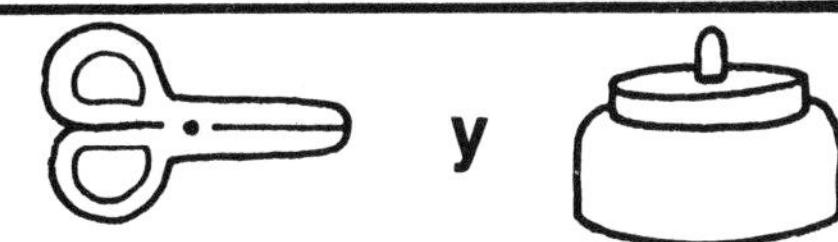

En la parte de atrás de esta hoja: ¿Cómo puede Pescadito agradecer a su amigo?

— Gracias. Eres un buen amigo.

— Mira las lindas conchas.
Quisiera tenerlas en mi casa.

Yo puedo ayudarte amiguito.
Tengo muchos brazos.

— Esto tardará bastante tiempo.

Lee, piensa, corta y pega

 **y** 

En la parte de atrás de esta hoja: ¿Qué harán ellos después del almuerzo?

— Es divertido ir de una excursion al parque con los amigos, — dijo Ana.

— ¿Qué puedo hacer en este día soleado? — preguntó la hormiga Ana.

Ana les dijo a todos sus amiguitos para ir a almorzar al parque.

— Dile a tus amiguitos para ir de picnic, — dijo la Sra. Hormiga.

   18   Lee, piensa, corta y pega

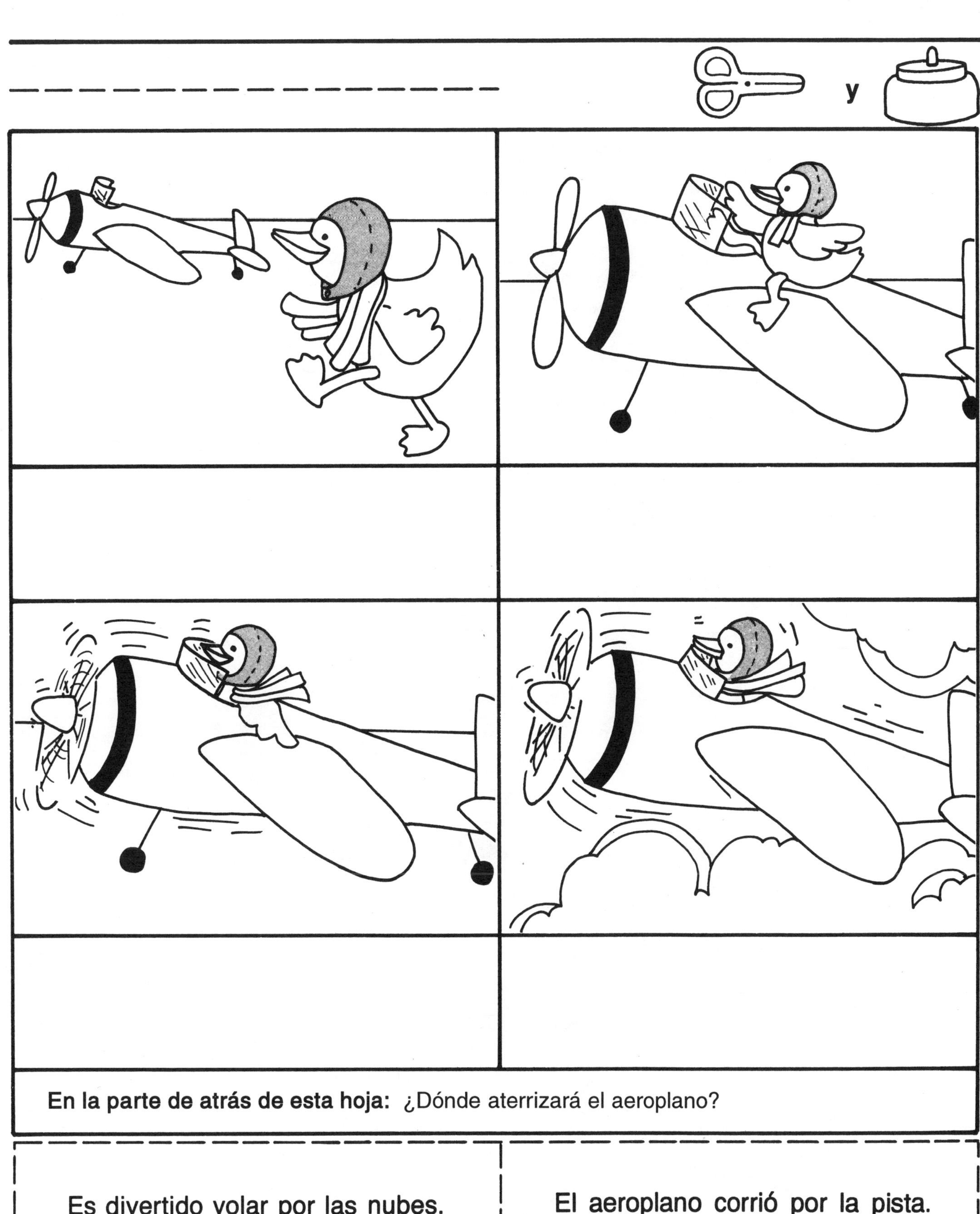

Es divertido volar por las nubes.

El aeroplano corrió por la pista.

Saltó al asiento del piloto.

El piloto caminó hacia su aeroplano.

 y 

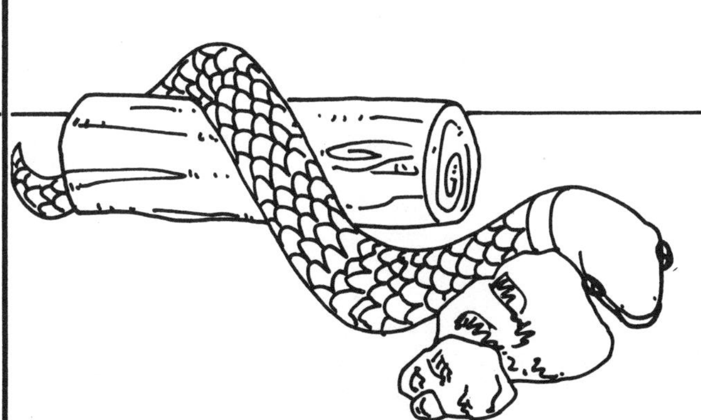

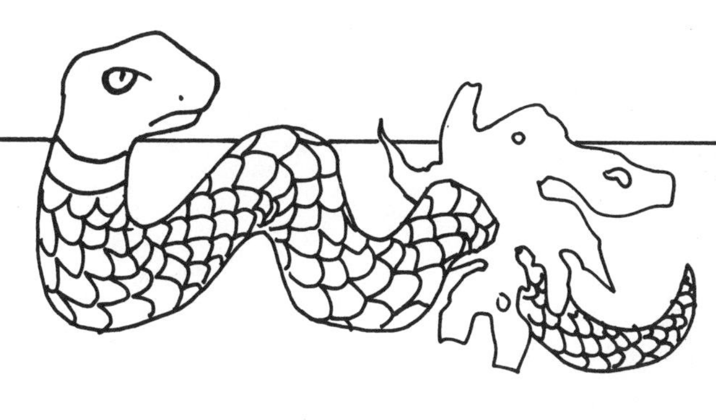

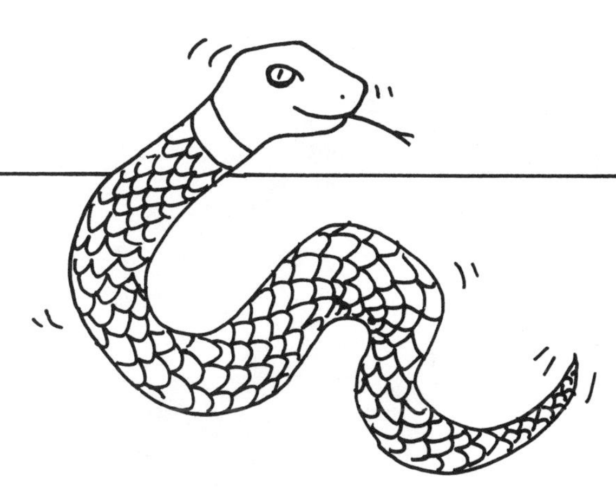

En la parte de atrás de esta hoja: ¿Qué encontrará Samuel para comer?

Algo le molestaba a la culebra Samuel. Le picaba la piel.

Toda su vieja piel se cayó.

Por fin, Samuel se sintió mejor. Se fué a buscar algo de comer.

Samuel se deslizaba por las piedras y debajo de los leños.

Lee, piensa, corta y pega